Improbable Traces

Sillages Improbables

Du même auteur / By the same author

La transparence et l'équité, auto-édition sous l'égide de Paul Vincensini, 1975
Haies vives, édition L'Idée bleue, 2005
Furtive, édition Éditinter, 2007
L'Anthologie de la poésie française, 2007
60 Haïkus (en collaboration avec une plasticienne), 2007
Apnée du soleil, édition Soc et Foc, 2010
Résurgence, édition Éditinter, 2011
Les âmes petites, édition Les Carnets du Dessert de Lune, 2011
Numéro spécial, édition Lettres Vives (N°401), 2011
Numéro spécial, édition La Porte, 2013
Sillages improbables, édition Les Carnets du Dessert de Lune, 2015
Hésitation de l'ombre, édition Soc et Foc, 2015
Surcroît de vie, édition Evadé (livre d'artiste ; illustrations : Eva Demarelatrous), 2015

Improbable Traces

Sillages Improbables

VÉRONIQUE JOYAUX

Peinture textile de Claude Perchenet

A bilingual book of poetry in French and English
translated by Rebecca Morrison

ACKNOWLEDGMENTS

Special thanks to the publisher, Les Carnets du Dessert de Lune (http://www.dessertdelune.be), for permission to reprint the original French version of *Sillages improbables* in this new bilingual edition. A huge thank you also to Valerie Stevens for her excellent close editing of the translation and for making many valuable changes and suggestions.

Passer le gué
Atteindre l'autre rive
C'est là encore
un pan de jour
d'ombre et d'eau claire
et nous autour pénétrant l'aube douce
C'est chaud au-dedans
On se lie aux arbres qui sortent des brumes

On marche dans l'île
parmi les roselières
C'est un geste de vivre
une porte peut-être
une bribe de vie comme un emprunt au silence
Une absence qui modèle l'espace
C'est peu de choses au fond....

Crossing the ford
Reaching the other shore
It is here again
a piece of day
of shade and clear water
and around us the soft dawn penetrates
It is hot inside
We cling to the trees emerging from the haze

Walking on the island
amongst the rushes
It is a gesture of living
a door perhaps
a scrap of life like a loan to the silence
An absence which shapes space
It is a little of the things of substance....

Une ombre s'allonge et s'attarde
Les gens passent inattentifs
Y-a-t-l encore un peu de chaleur ?
On n'écoute pas on ne se regarde pas
On est dans un corps qui se disloque
Journée lasse
Grisaille
Le temps appuie
Temps de chair dans l'automne finissant
Mémoire qui retourne en arrière
comme en prison.

A shadow lengthens and lingers
People pass oblivious
Will a little warmth come again?
We don't heed or see
We are dislocated
The day is tired
Gray
The clock presses in
The hour of the flesh finishes in autumn
A memory of the past
like a prison

Assis sur un muret
mêlé de murmures et d'alcool
dans le va-et-vient du temps
Lui au visage encore si beau qu'il incise l'espace
Le regarder derrière les gestes tremblants
l'apparence
Sentiment d'un être qui coule et vit mais ne cesse de s'empêtrer
Un rien
des fibres
des blocs d'ombre et d'attente.

Seated on a small wall
mixed with murmurs and sorrow
in the coming and going of time
Her face once again so beautiful carved into the space
The gaze behind the trembling gestures appears
The feeling of a being flowing and living
but never ceasing to get tangled up
Nothing
the strands
the slabs of shadows and waiting.

Les pas glissent dans la rue
Visages
N'avoir osé dire
Serrer une main
J'attends sous un arbre
ta venue.

Footsteps steal down the street
Faces
Not daring to speak
To grasp a hand
I wait under a tree
for your coming.

Les mots galets sur la plage
polis par la mer
abandonnées sur le sable
doux à la main comme le galbe d'une jambe

Les mots ne demandent qu'à se dire
Et j'ai le goût des mots
polis par la mer
Je connais leur couleur leur musique
et je les lirai jusqu'au terme de ma vie
comme un habit de silence
un manteau de soleil

Quel sera mon dernier mot ?

Stone words on the beach
polished by the sea
abandoned on the sand
soft to the touch like the curve of a leg

The words ask only to be spoken
And I have a taste for words
polished by the sea
I know their color their music
and I will read them until the end of my life
like a cloak of silence
a mantle of sun

What will be my last word?

Poèmes à un exilé

Ses mains posées sur la table
Fines intelligentes
Dans la lumière inégale
l'apparition de l'ombre
Et le corps droit sur la chaise
dans sa dignité
qui garde en lui l'humidité de la terre
son odeur de feuilles
et qui demande un corps de femme
pour réparer un vide
pour poser son regard enfin
sur un être attentif.

Toi les cheveux bouclés et noirs
dans l'attente de ce qui n'adviendra pas
sans que tu fasses un pas en avant
sans que tu cesses de te martyriser
Fumée nuages idée d'aquarelle
Ton enfance est là encore avec sa chaleur
Tes pas d'homme avec leur douleur
Rien ne dira jamais ce qui est derrière ton visage
mais tu as la vie devant toi avec ses résurgences
la chaleur de l'amitié le cocon d'un corps lié
un tableau à peindre qui t'attend
lumineux comme une porte sur l'infini.

Tu as laissé ton visage sur les terres d'Alep
un profil brun une silhouette longe
et l'aigu de ta pensée
la richesse des livres et d'une mère aimante
la chaleur de tes frères
d'un pays brûlé de soleil.

Toi en face un mur gris
voyageant dans ta tête
tabac alcool apaisant
comme un noeud d'énergie qui se vrille
où l'adolescence est un miroir trouble
ta vie d'homme un fragile édifice
Ici ton visage cache des non-dits
une violence bridée
des gestes inaccomplis.

Poems to an exile

His hands resting on the table
Fine intelligent
In uneven light
the appearance of the shadow
And the body upright on the chair
in its dignity
which keeps in him the humidity of the earth
the smell of leaves
and which asks for a woman's body
to fill a vacuum
to focus his eyes finally
on an attentive being.

You your hair curly and black
in the expectation of what will not happen
without you taking a step forward
without you ceasing to martyr yourself
Smokey clouds like a watercolor
Your childhood is there again with its warmth
Your footsteps of a man with their pain
Nothing will ever say what is behind your face
but you have life before you with its resurgences
the warmth of friendship the cocoon of a bound body a painting
that you wait for
luminous as a door towards infinity.

You left your face on the lands of Aleppo
a brown profile a long silhouette
and the apex of your thoughts
the wealth of books and a loving mother
the warmth of your brothers
from a country burned with sunshine.

You in front of a gray wall
traveling in your mind
tobacco alcohol soothing
like a node of energy that twists
where adolescence is a cloudy mirror
your life as a man a fragile edifice
Here your face hides the unspoken
a bridled violence
of unfulfilled gestures.

Impossible de dire ce qui est profondément
derrière ce visage si peuplé
dont le regard m'offre un souvenir d'Orient
et comme la lumière du soir cherche à subsister
Nadir.

Tu es fait de la terre
du soleil de Syrie
de l'aridité du désert
des palmiers d'Alep
Mais tu n'es ni de pierre ni de sable
Tu es de chair et de tendresse
Tu es né de l'exil
de ce vent qui départage
de cette nuit que l'aube déchire.

Impossible to say what is deeply
behind this face so populated
whose look offers me a souvenir of the Orient
and like the evening light seeks to survive
Nadir.

You are made of the soil
of the sun of Syria
of the aridity of the desert
of Aleppo palms
But you are neither stone nor sand
You are flesh and tenderness
You were born from exile
from this wind which divides
from this night which the dawn tears.

Poème à Salah

J'écris aussi pour toi
prisonnier des geôles de Bagdad ou d'ailleurs
Pour toi que l'on fait taire que l'on torture
J'écris pour les femmes cachées
dans leurs voiles et leurs maisons
J'écris pour ceux qui nont pas la parole
pour leur donner existence et dignité
J'écris por ouvrir les portes
Je m'immisce dans les interstices.

Si je devais rendre grâce ce serait à des silences
Silence entre toi et moi quand tout se tait
et que les gestes parlent
Silence des amitiés ferventes des paroles suspendues
Silence des arbres dans la nuit
Des pas dans la neige un soir d'hiver très doux

Si je devais rendre grâce ce serait à l'infime
Une trace d'oiseau sur la terre ameublie
Un froissement d'aile entre les nuages étonnés
Une parole non dite un espace
entre deux corps attendris

Si je devais rendre grâce ce serait à la poésie
Celle de Victor Jara dans un stade du Chili
De Nazim Hikmet dans les geôles de Turquie
De Dimitri Panine dans le Goulag de Sibérie
De Mandela dans l'Afrique meurtrie
De tous les hommes qui parlent
au nom de ceux dont la parole s'est tarie

Si je devais rendre grâce j'en serais affaiblie
Mais riche de tous les infinis.

Poem to Salah

I write also for you
prisoner of the jails of Baghdad or elsewhere
For you who are silenced and tortured
I write for hidden women
in their veils and their houses
I write for those who do not speak
in order to give them existence and dignity
I write to open the doors
I get into the interstices.

If I were to give thanks it would be to silences
Silence between you and me when everything is silent
and gestures speak
Silence of fervent friendships of suspended words
Silence of trees in the night
Of steps in the snow on a mild winter evening

If I were to give thanks it would be to the infinitesimal
A track of a bird on the loose earth
A rustling wing between the astonished clouds
An unspoken word a space
between two tender bodies

If I were to give thanks it would be to poetry
To that of Victor Jara in a stadium in Chile
Of Nazim Hikmet in the jails of Turkey
Of Dimitri Panine in a gulag of Siberia
Of Mandela in a scarred Africa
Of all the people who speak
in the name of those whose words have dried up

If I had to give thanks I would be weakened
But rich from all the infinities.

L'ombre d'un geste d'amour
Reste là comme figé dans la mémoire
Célébrer le silence
Résister à l'ensevelissement
au retour incessant de la nuit
Et qu'un soleil enfin adoucisse
ces mots rentrés au-dedans.

The shadow of a gesture of love
Remains there frozen in memory
Celebrating the silence
Resisting burial
at the incessant return of night
And a sun that finally softened
those words returned within.

Les flaques du jour
la pluie intermittente
l'absence de l'autre
ces mains dont on attend un geste avenant
Et se laisser bercer dans le silence
Une pause dans le temps
Un rai de lumiére dans la maison.

The puddles of the day
intermittent rain
the absence of the other
those hands which one expects to welcome
And let yourself be rocked in silence
A break in time
A ray of light in the house.

Une strate dans la pierre
souvenir d'un fleuve
avec ses linges et de barques alanguies
Renaître l'un à l'autre
La vie coule et se perd imperceptiblement.

A stratum in the stone
memory of a river
with its laundry and languid boats
Reborn to each other
Life flows and is imperceptibly lost.

Sous les arbres le soir tombe
avec le poids des heures
Le soleil appesanti
Ne garde que l'essentiel

Under the trees the evening falls
with the heaviness of the hours
The sun weighed down
Keeps only the essentials

Et nous ne serons que des points infimes
dans le temps
les fruits gorgés de sève du figuier centenaire
tandis que l'oreille écoutera attentive
les oiseaux tranquilles de la saison.

And we will be only tiny points
in time
fruits full of the sap of the century-old fig tree
while the ear listens attentively
to the quiet birds of the season.

La nuit sombrait entre les arbres
et nous ignorions
qu'à cet instant
la lumière commençait
dans le creux des chambres.

Night sank between the trees
and we did not know
that at that moment
the light began
in the hollow of the rooms.

Je croyais en toi
Nous étions si peu
des parcelles de vie
Tu vivais à distance
moi ici toi là-bas
avec des moments de connivence.

I believed in you
We were so little
of the pieces of life
You lived away
me here you there
with moments of complicity.

Des nuages montaient
Lissés aux feuilles des saules
Il y avait ceux qui traversaient les chambres
d'un duvet chaud sur des lits de clarté
Gestes légers que le soir éteint
posées sur le papier comme des bulles.

Clouds were rising
Smoothing willow leaves
There were those who crossed the rooms
of a warm duvet on the beds of clarity
Light gestures that evening turns off
posed on paper like bubbles.

Une rue laisse passer le vent
Volets battants
Noir profond
Il en est ainsi parfois du jour qui pèse
édredon de langueur.

A street lets the wind blow
Shutters swing
Deep black
So it is sometimes the day which holds down
the quilt of languor.

Fleurs rouges droites sous le soleil
Un champ à perte de vue
Coquelicots
Nous disent d'éclore
que ce qui vient de l'aube nous attend.

Red flowers directly under the sun
A field as far as the eye can see
Poppies
Speak to us of blooming
like the dawn that awaits us.

Femme je m'offre à toi
telle que je suis
fragile et forte
avec ma peau douce
ma parole aimante
mes seins petits
le galbe de mon ventre qui a donne la vie
Femme dans la complicité de toi
attentive et tranquille

Woman -- I offer myself to you
Such as I am
Fragile and strong
With my soft skin
My loving speech
My small breasts
The curve of my belly that gave life
Woman -- complicit with you
Attentive and quiet

Et que viennent les mots
après le silence
tout chargé d'univers
des années pour arriver jusqu'à toi
ton insondable présence

And what became of the words
after the silence
heavy with universes
taking years to reach you
your unfathomable presence

Toi recroqevillé
feuille à naître.

You -- curled up
Leaf to be born.

Lentement je remonte jusqu'aux racines
J'ai vécu par à-coups
Mais une ardeur profonde
trace en moi un chemin rectiligne.

Slowly I raise up as far as the roots
I have lived by blows
But a deep ardor
traces in me a rectilinear path.

J'accède aux arbres aux herbes folles
Je m'ouvre à la terre
qui m'a portée
Les sillons font comme des veines
Une clairière m'est offerte.

I accede to the trees to wild herbs
I open myself to the earth
who brought me
The furrows are like veins
A clearing is offered to me.

Bruissement intérieur
Battement accéléré du coeur
Peau tendue jusqu'a la pointe fine
Fardeau parfois d'être né
de donne du poids à la vie
La mort serait si facile
Leurre.

Rustle inside
Accelerated heartbeat
Skin stretched to a fine point
Burden sometimes to be born
gives weight to life
Death would be so easy
To lure.

Dire l'essentiel avec les mots justes
peser chaque mot
Dire la lumière du jour
la douceur des nuits
l'amour partagé
J'imagine un avenir apaisé.

Saying the essential with the right words
Weighing each word
Saying daylight
the sweetness of the nights
love shared
I imagine a calm future.

Ton corps gorgé de sève s'offre à mes caresses
toute parole est vaine
Il n'y a plus que les gestes
Ils suffisent
La vie s'allonge
branche déployée.

Your body gorged with sap is offered to my caresses
words are futile
There is nothing but gestures
They are enough
Life continues
the branch grows.

Homme insaisissable
Comment l'atteindre
Saisir des points d'ancrage
lui meurtri blessè
Il laisse une parole
Un geste doux
un mot d'amour ou de tendresse
sans prise
caresse ma peau
y laisse son sillage.

Man elusive
How to reach him
Seizing anchor points
he is bruised wounded
He leaves a word
A gentle gesture
a word of love or tenderness
without a handhold
caresses my skin
leaves its wake.

Telle que je suis
à présent
douce mais déchirée
Et cette parole sur la page
vent qui fait osciller le blé mûr.

As I am
now
soft but torn
And this word on the page
a breeze which rustles the ripe wheat.

Il faut se taire
pour écouter le temps qui passe
Pour comprendre le mouvement des nuages
compter les herbes dans le pré
Pour sentir monter la nuit
le longue nos jambes
et soupirer la mer.

We must be silent
to listen to the passing of time
To understand the movement of the clouds
to count the herbs in the meadow
To feel the night rise
along our legs
and to yearn for the sea.

Quand la nuit tombe
les villes dorment
entre les murs tagués
Mais les cris parviennent
aux oreilles des passant attardés.

When night falls
the towns sleep
between the tagged walls
But the cries reach
the ears of passing loiterers.

Le jour n'a pas été vécu pleinement
On s'endort avec la nostalgie
La peur et le regret
de ce qu'on n'a pas osé vivre.

The day has not been fully lived
We fall asleep with nostalgia
Fear and regret
of what we did not dare to live.

Descendre au creux de soi
Là où les fibres s'entremêlent nouées
où l'on n'a plus prise
dans cette lumière d'avant la nuit
Demeurer exsangue.

Go down to the hollow of one's self
There where the fibers intermingle knotted
where one no longer takes
in this light before night
Remain bloodless.

L'attente
Peau à vif
affût de paroles apaisantes
de gestes chaleureux
l'être en sa ferveur tenace
faisant rempart à l'oubli
serré jusqu'à n'être qu'un point
une braise dans l'âtre.

Expectation
Sensitive skin
Soothing lyrics
Warm gestures
The tenacious fervor of being alive
building a wall against oblivion
until it is just a point
an ember in the fireplace.

Tu es endormi ente les draps accueillants
et moi vrillée avec ma faim
sous la nuit ponctuée d'étoiles
J'attends la tendresse
et m'endors d'épuisement.

You have fallen asleep in the welcoming sheets
and I am twisted with my hunger
under the night punctuated with stars
I'm waiting for tenderness
and to fall asleep with exhaustion.

La peur qu'entre nous tout s'esquisse
L'attente des corps noués
Je me bats
Te donne des mots des esquisses de gestes
La force des mots pour te mener plus avant
Tracer un chemin
où pouvoir se retrouver.

The fear that all we have is flimsy
Waiting for the tangled bodies
I fight
To give words to these slim gestures
Using the power of words to lead you further
To plot a path
where we can find each other.

Je savoure les mots que tu dis
ta richesse et ta dignité
Caresse tes cheveux épars
Mais toi seul dois avancer
Sortir de ces non-dits
de ce que tu fuis
Être solaire soleil-coquelicot
Garde au fond de toi cet éclat de la terre
qui est à notre image
Vivre dans cet instant
Et ton visage est là intact sans les marques de la souffrance.

I savor the words you say
your wealth and your dignity
Caress your windblown hair
But only you have a right to advance
To get out these things unsaid
about what you fled
To be a solar sun-poppy
Keep at the bottom of yourself this earth-shine
which is our image
Live in this moment
And your face is here whole without signs of suffering.

Mes paroles te cernent
t'allègent et portent plus loin
font naître en toi une envie de naître
Soleil
Reste sur cette route
Garde l'éclat de vivre.

My words define you
lighten and take you further
create in you a desire to be born
Sun
Stay on this road
Keep the sparkle of life.

Je suis dans ta main un silence
même pas un mot même pas une caresse
juste un frôlement du temps

I am in your hand a silence
not even a word not even a caress
just a touch of time

Je suis dans ta main un silence
que tu ne vois pas
Une parole arrêtée
entre les lignes

I am in your hand a silence
that you do not see
One word stopped
between the lines

Je suis dans ta main un silence
plume d'oiseau
petit paon de jour
Ne replie pas les doigts.

I am in your hand a silence
bird feather
small day peacock
Do not fold your fingers.

La poésie va respirer

Les poètes seront des sonneurs
Ils éclaireront la nuit de petites lampes inextinguibles
Parfois quand les hommes dormiront
ils feront un petit bruit de feuille
un bâillement de lune
juste de quoi éveiller quelques instants
les oublieux du rêve

Les poètes seront des barbouilleurs d'étoiles
Ils peindront sur la toile de la nuit
la ligne claire de l'horizon
Ils chuchoteront à l'oreille de l'enfant
les mots de la tendresse
Ils donneront à l'homme blessé
de quoi panser ses plaies
Ils diront les paroles de ceux
qu'on oblige à se taire

Les poètes seront les révélateurs
d'un monde muselé qui fait silence

La poésie va respirer.

Poetry will breathe life

Poets will make sounds
They will illuminate the night with small inextinguishable lamps
Sometimes when men sleep
they will make a small noise like leaves
like a yawning of the moon
just enough to awaken for a few moments
those who have forgotten the dream

Poets will be daubers of stars
They will paint on the canvas of the night
the clear line of the horizon
They will whisper in the ear of the child
words of tenderness
They will give the injured man
enough to dress his wounds
They will say the words for those
who are obliged to keep quiet

Poets will be the diviners
of a muzzled world that is silent

Poetry will breathe life.

Quand l'eau soudain m'aimera
je descendrai de la barque
furtive
Je nagerai à perte d'horizon
J'irai vers toi qui es à l'ultime ligne
nuage dans le ciel
bleu parmi le bleu
Quand l'eau soudain m'aimera
je marcherai le long des laisses
à la limite des vagues et du sable
et sentirai sous mes pieds des petits grains fébriles
la rondeur lisse des galets
Quand l'eau soudain m'aimera
je pénétrerai l'étendue verte des 'tangs
me glisserai entre les herbes dociles
qui caresseront mes jambes
suivra le flux des rivières jusqu'à la mer
me bercerai de pluie
Quand l'eau soudain m'aimera
je n'aurai plus peur des larmes.

When water suddenly loves me
I'll get off the boat
furtively
I will swim to the horizon
I will go to you at the ultimate edge of
the cloud in the sky
blue amongst blue
When water suddenly loves me
I will walk along the driftline
at the limit of the waves and sand
and feel under my feet small febrile grains
the smooth roundness of the pebbles
When water suddenly loves me
I will penetrate the green expanse of the ponds
I will slip between the docile herbs
who will caress my legs
and I will follow the flow of rivers to the sea
which will rock me
When water suddenly loves me
I shall no longer be afraid of tears.

Matin odeur de terre humide
Tout s'allège
Le temps est une image
La lumière monte douce et certaine
le long des arbres frileux
épaule où s'appuient les brumes
Souvenir du noir profond de la nuit.

Morning smell of moist earth
Everything is lighter
Time is an image
Light rises soft and certain
along the chilly trees
shoulder where the mists support themselves
Memory of the deep black of the night.

Les vents s'agrippent aux bateaux
dans la marge des ports
Le ciel louvoie entre les nuages
Cri de mouettes bruissement d'ailes
Et nous allons dans l'estuaire des phares
avec le flux de nos pensées
la crinière des étoiles.

Winds grip the boats
in the margin of the ports
The sky moves between the clouds
Scream of gulls rustle of wings
And we go into the estuary of the lighthouse
with the flow of our thoughts
the mane of the stars.

Un oiseau somnole au bout d'un souffle
caresse l'échine d'un fleuve
où miroitent ses plumes
Je pars à la frontière du songe
dans un pays de lave et de vent
Je descends a l'embouchure des fleuves
jusqu'à l'océan sans fin
l'horizon que rien ne clôt
Je marche sur les traces de l'invisible
Vers l'arche docile de la nuit coupable.

A sleepy bird at the end of a breeze
caresses the spine of a river
where his feathers shimmer
I go to the border of the dream
in a country of lava and wind
I descend to the mouths of rivers
to the ocean without end
the horizon that nothing encloses
I walk in the footsteps of the invisible
towards the tame arch of the guilty night.

Je cherche un chemin qui abolisse la distance
une marche sans fatigue et sans fin
un écho secret une fulgurance
l'heure troublée d'eau douce
J'entends sourdre le feu puissant des sèves

I seek a path that abolishes the distances
a walk without fatigue and without end
a secret echo a dazzling beam
the hour disturbed by fresh water
I hear the powerful fire of the sap rising

S'ouvre la fenêtre sur le jour
Silence strié d'oiseaux
Senteur de feuilles froissées
D'arbres lavés de pluie
S'ouvre ton âme douce d'homme bienveillant
Je me vautre dans ta chaleur
tout au creux des draps
et je te retiens encore
dans le silence des mots.

Open up the window on the day
Silence striated with birds
Scent of crumpled leaves
Of trees washed with rain
Open up your gentle soul of a benevolent man
I wallow in your heat
in all the hollows of the sheets
and I hold you again
in the silence of words.

L'autre qui se penche en moi
Le frôler du dedans
pour tout ce qu'il est qu'il n'est pas
pour la tendresse et la rigueur
Et puis à l'endroit de lui
à même la peau
à même le souffle
à peine le souffle
L'écouter
dormir.

The other who leans forward in me
Brushes up from the inside
for all that it is for all that it is not
for tenderness and rigor
And then towards the place of him
on the skin
on the breath
barely a breath
Listen to him
sleep.

Lorsque ta main m'effleure
tu me traverses de part en part
plaine offerte
Tu me prolonges et me dis.

Je suis vivante.

When your hand touches me lightly
you travel across me through and through
the plain offered
You extend me and speak me.

I am alive.

Le ciel est une hanche
Ne plus écrire
seulement aimer
être aimée.

The sky is a hip
Do not write anymore
only love
be loved.

Nuit sans sommeil
où s'incruste le jour
et ses secrets d'enfant
Une fenêtre ouvrant sur le ciel
Le pas d'un homme attardé
et d'une aube à venir
Tu es là à mes côtés tu dors
Absent
Je dessine tes gestes dans ma tête
Demain je regarderai l'arbre
plaqueminier orange
dénudé au milieu du jardin.

Night without sleep
where the day embeds itself
and its childhood secrets
A window opening onto the sky
The step of a disabled man
and an upcoming dawn
You are there by my side you sleep
Absent
I draw your gestures in my head
Tomorrow I will look at the tree
orange persimmon
naked in the middle of the garden.

Une arche au-dessus de la mer
Mirage
Je vous écris de mon sommeil
sans mots et sans vigueur
d'un ciel qui bouge au dehors
avec ses étoiles dans la nuit
Cerfs-volants de lumière
Et la fenêtre entrouverte
laisse passer de l'air.

An arch over the sea
Mirage
I am writing to you from my sleep
without words and without vigor
from a sky that moves outside
with its stars in the night
kites of light
And the half-open window
allows air to pass.

Tes baisers déjà m'embrasent
Ton corps chaud contre le mien
suffit à mon désir de tendresse
L'amour viendra après
par le bonheur de t'avoir en moi
Je t'aime tout est vrai immensément
Ta poitrine large me protège
Tes mains me caressent et me libèrent de l'angoisse
Tout est devant moi :
les draps la fenêtre entrouverte
l'envie de vivre
Je sors de mon âme
Je t'aime.

Your kisses already burning me
Your hot body against mine
fulfills my desire for tenderness
Love will come afterwards
by the happiness of having you inside me
That I love all of you is immensely true
Your broad chest protects me
Your hands caress me and free me from the anguish
Everything is before me:
The sheets the window ajar
the desire to live
I get out of my soul
I love you.

C'est un lieu où s'amoncellent les feuilles
le rire des enfants
les veines du bois sous l'aubier
les mots d'encre sur le papier
comme une déchirure
un vague à l'âme.

It is a place where leaves collect
the laughter of children
the veins of wood under the sap
the words of ink on paper
like a tear
a wave to the soul.

Être à la source
à la résurgence
Écrire avec le sang
Écrire pour quelqu'un
Pour sa présence
Pour rien
Pour laisser trace
Écrire comme on pose des jalons
des photophores
Pour laisser des mots de chair
quelque part sous un drap.

To be at the source
of the resurgence
Write with the blood
Write for someone
For being here
For nothing
To leave a trace
Write as if you were setting out stakes
of photophores
To leave words of flesh
somewhere under a sheet.

Des pas incertains sur la route
où demeurent des empreintes profondes
arrachées à l'automne
Je heurte la frange bleue des nuages
et me vrille dans ton silence.

Uncertain steps on the road
where deep imprints remain
removed in the autumn
I hit the blue fringe of the clouds
and I twist in your silence.

Jour de lumière
où non mains se cherchent
comme si le temps arrêté
cherchait à les suspendre.

Day of light
where no hands are seeking each other
as if stopped time
sought to suspend them.

Parole blanche
immobile
comme une page à venir
qui n'est rien encore
qui sera bientôt
liquide
et bleuira nos veines
les espaces
les gestes
vers la tendresse
toute proche
avec ses arbres mouillés de pluie.

White speech
motionless
as a page to come
which is nothing yet
which will soon be
liquid
and will turn our veins blue
the spaces
the gestures
towards tenderness
very close
with its trees wet with rain.

Il arrive au matin que les étoiles
s'ébrouent sur la terre
avec leur duvet moite de cygnes endormis
Une lueur calme comme on écrit
Une plume sur la page avec des mots très doux
Mots d'amour lignes tracées
Gouttes de pluie frémissement de feuilles
Pas menus sur la neige
Traces de rêves
Cernes sous les yeux
bleuâtres
La mer étale sous le ciel fatigué
Algues douces comme en sommeil
Nous marchons sur le sable
à pas mesurés
Le soleil palescent nous escorte
Attentif et morose
Le ciel est là immobile
Nuages blêmes traces de lune
Traces de nuit.

Sometimes in the morning the stars
sneeze on the earth
with the moist down of sleeping swans
A calm glow as one writes
A feather on the page with very sweet words
Words of love lines traced
Raindrops shaking leaves
Small footsteps on the snow
Traces of dreams
Dark circles under the eyes
bluish
The sea spreads out under the tired sky
Algae soft as sleep
We walk on the sand
with measured steps
The pallid sun escorts us
Attentive and morose
The sky is there unmoving
Pale sky traces of moon
Traces of night.

Demain peut-être regarderai-je l'arbre dans la cour
seul au milieu des marelles
L'arbre de l'enfance où je me tenais lovée
entre deux branches comme un animal transi
L'arbre au seuil des éluses arrimé fragile
aux berges du canal
L'arbre au fond du jardin cerisier
qui hiberne défeuillé
où l'oiseau ne retrouve plus ses repères
L'arbre surtout de ton corps
avec son torse lisse comme l'aubier
sa sève ses mousses ses replis
son tronc tendu vers le ciel.
Espérance tranquille.

Tomorrow maybe I'll look at the tree in the yard
alone in the middle of the hopscotch
The tree of my childhood where I was curled up
between two branches
like an animal chilled to the bone
The tree on the threshold of the fragile floodgates
stowed on the banks of the canal
The tree at the bottom of the cherry garden
which hibernates defoliated
where the bird no longer finds its bearings
The tree especially of your body
with its torso as smooth as the sapwood
its sap its mosses its folds
its trunk stretched out to the sky.
Quiet hope.

Je suis là
fatiguée
lasse de tout ce qui n'a pas eu lieu
Rien ne m'appartient
ni les êtres ni les choses
Rien ne laissera trace de moi
si ce n'est traces de craie
sur le tableau noir.

I'm here
tired
weary of everything that has not happened
Nothing belongs to me
neither beings nor things
Nothing will leave a trace of me
if not traces of chalk
on the blackboard.

Voix d'avant l'encre
prenant date sur le papier
Vélin d'arche
Voix silencieuse
de l'écrit
Parole creuse amenuisée
Poème
chant d'oiseau mort
comme un nid enfoui dans l'arbre
froissé de vent mouillé de pluie
ne demandant qu'à surgir.

Voice before the ink
taking place on paper
Arch of vellum
Silent voice
of the written
Word hollowed out
Poem
song of the dead bird
like a nest buried in the tree
crumpled by wind wet with rain
asking only to arise.

Marche des passants
dans la rue mouillée
et ce geste de toi
sur mon épaule
posé comme une écharpe de tendresse
que rien n'altère
J'ai oublié ce qui des autres me faisait mal
l'espace de cet instant
J'ai pris de toi la chaleur
auhourd'hui j'apprends les mots
douceur amour abandon
Ta présence me dicte les mots que je vais écrire.

Passers-by
on the wet street
and this gesture of yours
on my shoulder
posed like a scarf of tenderness
that nothing alters
I forgot what was hurting me
in the space of that moment
I took from you the warmth
today I learn the words
sweetness love abandonment
Your presence dictates the words I am going to write.

Oiseau-lyre
Oiseau-lire
Oiseau-livre
Oiseau-dire
Du plus loin de ma vie
De l'en-deça
Du très-fond de moi
Cela résonne
Parle sans paroles
Chante sans trilles
Ce qui se dit alors
Fait taire tout de moi.

"Oiseau-lyre
Oiseau-lire
Oiseau-livre
Oiseau-dire"
From the farthest point of my life
From below
From the very bottom of me
This resonates
Speak without words
Sing without trills
What is then said
Silences all of me.

Parvenir à être le funambule
sur un fil entre ciel et terre
comme on est dans la vie
entre certitudes et périls

Parvenir à être celui qui dit dans un monde
de paroles vaines
Silencieux replié fragile parmi ces rues
où le vent va respirer

Parvenir à ce qui est toi
se tait ouvrir les portes s'engouffrer dans la chaleur
s'appuyer l'un à l'autre
parce qu'il n'y a que cela qui vaille
mon tant aimé mon mal-aimant
si craintif de te donner

Parvenir jusqu'à toi au plus profond.

To reach being the tightrope walker
on a wire between heaven and earth
just as one is in life
between certainties and perils

To reach being the one who speaks in a world
of vain words
Silent folded fragile among these streets
where the wind wants to breathe

To reach being what you are
be silent open the doors rush into the heat
rely on each other
because that is all which is worth anything
my beloved my evil-magnet
I am so afraid to give it to you

To reach you at your deepest.

L'odeur des fruits
de la terre
monte le long des arbres
Le soleil dort entre les nuages
astre éteint
Seul l'aboiement des chiens
meuble le silence.

The smell of the fruit
of the earth
rises along the trees
The sun is sleeping between clouds
The stars are turned off
Only the barking of dogs
invades the silence.

Sillage dans le ciel
un avion qui passe
fleur fanée.

Trail in the sky
a passing plane
fading flower.

L'air liquide entre les nuages
Pluie
Septembre gris
Les oiseaux plient leurs ailes
Pensifs et tièdes.

Liquid air between clouds
Rain
September gray
Birds fold their wings
Pensive and warm.

Le soir le jardin s'évade dans les allées
Attente entre deux ruuisseaux
La fierté de l'arbre
le retient.

In the evening the garden escapes through the paths
Waiting between two streams
The pride of the tree
retains it.

Les nuits les plus douces fatiguent la mer
Ses vagues vont languissantes et muettes
La lune éclaire un peu les vagues indolentes
La fenêtre bat des mains.

The sweetest nights tire the sea
Its waves go languid and silent
The moon illuminates a little the indolent waves
The window beats its hands.

Certaines nuits les volets battent contre le mur
La porte grince les rideaux bougent
Soirs d'orage d'inquiétude
Une branche s'appuie à la vitre
où s'écrase une tourterelle.

Some nights the shutters beat against the wall
The door squeaks the curtains move
Stormy nights of anxiety
A branch leans against the glass
where a dove is crushed.

Des pas attisent la nuit
La rue s'allume
Un pas sur le bitume
brise sa trace.

Footsteps stir the night
The street lights up
A step on the pavement
breaks its trail.

Le soir je descends
en de vastes jardins
où la lune s'attarde
Je prends place sur la terre
sur une aile d'oiseau
Les cris d'enfants lancent au loin
leurs pierres dorées.

In the evening I go down
in the vast gardens
where the moon lingers
I sit on the ground
on a bird's wing
Cries of children throw away
their golden stones.

Les nuages s'adossent aux collines
oreillers du ciel
les cerisiers en fleur étalent leurs corolles
Dans l'herbe haute le crissement des cigales
Les terres fertiles font silence.

The clouds lean against the hills
pillows of the sky
The cherry blossoms spread their corollas
In the tall grass the screeching of the cicadas
The fertile lands are silent.

Des visages ensommeillés vont dans la ville meurtrie
tout cernés de lumière gelée
Des trains noirs strient le ciel endormi
oublient leurs arrêts
S'arrêtent les heures
Derrière les passants s'allonge le temps fatigué.

Sleepy faces go into the bruised city
all surrounded by frozen light
Black trains streak the sleeping sky
forget their stops
Ending the hours
Behind the passers-by lies tired time.

Cela s'efface
Une parole un mot sur le papier
Cela ressemble au vent marin qui fane les herbes
Résister
Écrire
En vain
On ne fait pas assez
De cela on est sûr
Que faudrait-il pour parvenir aux mots qui sauvent
Une ligne un rien une obole
pour laisser trace
Le papier absorbe l'encre
mais on écrit
À perte de vue la mémoire s'astreint
Frapper au portes ouvrir les croisées
Offrir sa poitrine à l'orage
Dans le bruissement des feuilles
nous laisser conduire.

This disappears
An utterance a word on paper
It sounds like the sea wind that tosses the grass
Resist
Write
In vain
We do not do enough
About this we are sure
What would it take to achieve the words that save
A line a nothing a mite
to leave a trace
The paper absorbs the ink
but we write
As far as the eye can see memory is compelled
Knock on doors open windows
Offer its breast to the storm
In the rustle of the leaves
let us steer.

Strier le silence
Revenir aux mots
Combler le vide
Vibrer toujours.
Il parle avec des silences
une excessive pudeur
Entre les lignes il faut lire
Elle
aime ciseler les mots
De pages elle s'entoure
L'encre est dans ses veines
Il
est doué de ses mains
Pour les plants de l'ombre
les caresses
Elle
met des rires à la place des points
des cédilles
des serrures
Il dort comme un enfant
sitôt les yeux fermés tout emmêlé
à plat ventre sous les draps
Elle
a d'une grive le sommeil
le geste prêt à bondir
s'esclaffer
Il
ne sait pas
Elle
non plus
Qu'importe
C'est la.

To furrow the silence
Come back to words
Bridge the gap
Always vibrate.
He speaks with the silences
an excessive modesty
Between the lines you must read
She
likes to chisel the words
From the pages surrounding them
Ink is in her veins
He
is gifted with his hands
For shade plants
for caresses
She
laughs at the full stops
of the cedillas
of the locks
He sleeps like a child
as soon as the eyes close all is tangled
flat belly under the sheets
She
has a songbird of sleep
a movement ready to leap
laughing
He
does not know
She
doesn't either
What it means
It is here.

Rivage
Petits grains de sable serrés
comme des poings
La vague s'ébroue
La plage en demeure
ébahie.

Shore
Small grains of sand clenched
like fists
The wave breaks
The beach
is astonished.

Cahier empli de plaintes et de déliés
Cahier d'enfant comme une plage avec des barbelés
L'encre est violette violente
Les lignes s'entrouvrent avec des cris.

Notebook full of complaints and delusions
Notebook of a child like a beach with barbed wire
The ink is violent violet
The lines open with cries.

Vitres éclatées
Feuilles démentes
Affiches que le vent sauvage écorche et vrille
Bicyclette déviée de sa trajectoire
qui trace sur la route
un sillage improbable.

Shattered windows
Crazy leaves
Posters that the wild wind skins and spins
Bicycle deviated from its trajectory
marks on the road
an improbable trace.

Le ciel si bas ce soir
que les gestes se méprennent
Lentement
glissent les heures
sans laisser de trace
et tremble la rue
vibrante d'une dernière pluie
entre les arbres
les visages s'effacent
avec les mots trop longtemps retenus
Le ciel si bas ce soir
que les gestes se perdent
Descendre va le soir pourtant
avec ses lampes
Abriter dans les chambres
la fatigue du jour
Appuyer la tendresse à la peau de l'ombre.

The sky so low tonight
that movements are mistaken
Slowly
slide the hours
without leaving a trace
and tremble in the street
vibration of a last rain
between the trees
the faces faded
with words too long retained
The sky so low tonight
that movements are lost
The evening descends though
with its lamps
Shelters in the rooms
the weariness of the day
Supports the tenderness of the skin of shadows.

Sur la grève cent vagues au galop
s'achèvent dans le pli des laisses
incertaines et douces comme en geste d'enfant
Les mouettes chahutent au-dessus des marais
parmi les touffes grasses des salicornes
Un souffle venu du large ébouriffe la lande
pénètre l'humus au plus profond
Un vent d'herbe sourde et de pré salé
ombre orange du soleil tombé
juste au bord de l'horizon
pareil à un rire d'homme en sa fière lucidité.

On the strand a hundred waves gallop
ending in the fold of the watermark
uncertain and soft as the motion of a child
The seagulls heckle over the marshes
among the tufts of succulents
A breath from the open sea ruffles the moor
penetrates humus deep down
A wind of dull grass and salted meadow
orange shadow of the fallen sun
just on the horizon
like a man's laugh in its proud lucidity.

J'écris pour me dissoudre et me nommer
Pour me protéger et me mettre en péril
J'écris pour descendre tout en bas et porter très haut
Je suis sur le fil
bien ancrée au réel
J'écris pour me donner de la couceur et pour
m'écorcher la peau
J'écris pour laisser trace pour m'effacer
Par discrétion et par impudeur
Je me cherche et je me perds
J'aime me perdre et me trouver à l'improviste
J'aime toucher l'autre au plus profond et par surprise
J'ame que les mots soient beaux
ciselés
J'aime les mots
J'aime des maux guérir.

I write to dissolve and name myself
To protect and jeopardize myself
I write to go down very low and to go very high
I'm on the line
well-anchored to reality
I write to give softness and a hardness to my skin
I write to leave tracks and to erase myself
By discretion and by shamelessness
I search for myself and I get lost
I like to lose myself and find myself unexpectedly
I like to touch the other deeply and by surprise
I love that the words are beautiful
chiseled
I love words
I love cures.

Écrire c'est entrer en soi pour toucher l'eau vive
entrer dans un puits de lumière
Écrire c'est trouver la voix qui mène au plus lointain
ramener en surface de petits cailloux blancs
Écrire c'est dire l'indicible
mettre en mots le silence
les mots entre les lignes
Écrire c'est parler pour ceux qui n'ont pas la parole
parce qu'ils sont pauvres de mots
parce qu'n les a muselés
Écrire c'est tenter de vivre
mettre sur le papier les paroles qui justifient les actes
Écrire c'est donner de soi
tendre la main vers l'autre
s'éclabousser de son rire ou de ses larmes
Écrire c'est s'exposer
retourner sur les rives de l'enfance
là où tout était limpide et sauvage.

To write is to enter into oneself to touch the living water between
the wells of light
To write is to find the voice that leads furthest
to bring to the surface the small white pebbles
To write is to speak the unspeakable
to put into words the silence
the words between the lines
To write is to speak for those who do not have speech
because they are poor in words
because they have been muzzled
To write is to try to live
to put on paper the words that justify the acts
To write is to give of oneself
reaching out to the other
splashing them with laughter or tears
To write is to expose
to return to the shores of childhood
where everything was clear and wild.

Branche-embrasure
ce mouvement de l'arbre
qui fait place à l'oiseau
et laisse sur la page
l'empreinte d'une plume
Branche-fenêtre
cet espace dans le jour
où appuyer nos gestes
et les ouvrir sans fin
Branches-persiennes
cet émoi de rire et de partager
ce tremblement de vivre

Et soustraire encore un jour à la branche-volet.

Branch-recess
this movement of the tree
which gives way to the bird
and leaves on the page
the imprint of a feather
Branch-window
this space in the day
which supports our movements
and opens them without cease
Branches-shutters
this excitement of laughing and sharing
this trembling of life

And subtract one more day from the branch-flap.

Il n'en est rien pourtant
La ville jouit de ce sursis avec indolence
On aperçoit par convois entiers des touffes de nuées
On s'efforce dans une encoignure
On voit les doigts caressants du maçon
On découvre des terrains obstinés
les gardiens d'un orgueil dont nul ne sait plus rien
On saisit dans le ciel les flocons rayonnants
termitières verticales
multitudes piaillantes
N'importe
Contempler les verrières et les voies
les rails qui vont le front bas jusqu'aux espaces aérés
la rue qui n'a jamais existé
la marelle de mes vies imaginaires
leur territoire et leurs limites
Et les anéantir.

This however is not the case
The city enjoys this reprieve with indolence
One sees through whole convoys of tufts of clouds
One strives in a corner
One sees the caressing fingers of the mason
One discovers obstinate land
the guardians of a pride of which no one knows anything anymore
One seizes in the sky the radiant flakes
termite mounds
shouting multitudes
Whatever
To contemplate canopies and pathways
the rails which run from the lower front to the ventilated spaces
the street that never existed
the hopscotch of my imaginary lives
their territory and their boundaries
And annihilate them.

La nuit noire
tiente sur ses genoux
brindille
Je veux me rassurer
dormir
Je suis lasse
J'interroge les serrures les coursives
les petits bouts de bois
Je vois la rue étroite
sans rivage et sans raison
Elle est dans la marge
autour de la clarté
Quelqu'un passe avec de l'eau.

The black night
holding on his lap
twig
I want to reassure myself
to sleep
I am tired
I question the locks the corridors
small pieces of wood
I see the narrow street
without shore and without reason
It is in the margin
around clarity
Someone goes by with water.

Sculpter son texte dans celui de l'autre
laisser les phrases improbables se tisser
Naître sous le feutre qui encercle
ce mot-ci plutôt que celui-là
Laisser le texte prendre sens
Échapper aux pages premières
Partir sur des terres inconnues
dans les interstices les césures les marges et les déliés
les pleins les plaintes et les feintes
Ouvrir un espace en abyme et s'y livrer
Puis d'un geste vif
déchirer la page
comme on enlève un vêtement.

Sculpting his text into that of the other
letting the unlikely phrases weave
Being born under the felt that encircles
this word rather than that one
Letting the text take meaning
Escaping the first pages
Leaving for unknown lands
in the interstices the caesures the margins and the thin strokes and
thick strokes
the complaints and the feints
Opening a space in an abyss and giving himself to it
Then with a sharp gesture
tearing up the page
like removing a piece of clothing.

Mes anges sont des pages qui montent vers le ciel
avec des mots légers comme des plumes
Ils froissent contre les arbres
leurs ailes de papier
et laissent entre les feuilles
des perles d'encre violette.

My angels are the pages which rise towards the sky
with light words like feathers
They crumple against the trees
their wings of paper
and leave between the sheets
pearls of violet ink.

Être là sur le fil
léger comme un oiseau
une hirondelle arrêtée
dans les plis de l'orage
Sentir la pluie
sur le visage
le dos lisse de la rue
les papilles de l'ombre
Entrouvrir le ciel
et se laisser tomber
limpide
comme on s'endort.

To be there on the wire
light as a bird
a swallow stopped
in a wrinkle in the storm
Feel the rain
on one's face
the smooth back of the street
the taste buds of the shadow
Enter the sky
and let yourself fall
limpid
as you fall asleep.

Le monde est là
infini
livré
prendre le temps
de tenir cette rondeur dans la main
tel un fruit.

The world is here
infinite
delivered
take time
to hold this roundness in the hand
like a fruit.

Elle
au plus près des feuilles
qui se décline
Instant de plume dans la moiteur de l'été
C'est elle sous l'inclinaison des nuages
Qui se répand comme un grand châle
quand le soir descend avec les lignes.

Non la nuit n'est pas obscure
avec ses arbres projetés sur la route
comme de grands corps malingres
La nuit est traversée de lumières
celles des villes vues du ciel
des lampes au creux des chambres
non la nuit n'est pas indolente
sommeil lourd au corps lassé
abandonné à la blancheur des draps
La nuit pousse des cris
nous livre au flux du rêve
avec sa douceur et ses vrombissements
Non la nuit ne guérit pas du jour
Elle ne console pas elle élude
Fait resurgir des pans de vie
La nuit porte en elle le poids de nos quêtes
un sillage d'étoiles
qui reste derrière nous quand le matin se lève.

She
close to the leaves
which decline
Feather moment in the damp of summer
It is she under the tilt of clouds
Which spread like a large shawl
when the evening goes down with the lines.

No night is not obscure
with its trees thrown on the road
like large sickly bodies
The night is crossed by lights
those of the cities seen from the sky
the lamps in the bedrooms
No night is not indolent
heavy sleep with tired body
abandoned to the whiteness of the sheets
The night shrieks
gives us to the flow of the dream
with its sweetness and its whirring
No night does not cure the day
She does not console she eludes
To reinvigorate parts of life
Night carries in her the weight of our quests
a wake of stars
which remains behind us when morning rises.

Je suis dans ta main un silence
que tu ne vois pas
une parole arrêtée
étonnée d'être là

I am in your hand a silence
that you do not see
a word arrested
surprised to be there

Je suis dans ta main un silence
même pas un mot
même pas une caresse
juste un frôlement du temps

I am in your hand a silence
not even a word
not even a caress
just a touch of time

Je suis dans ta main un silence
plume d'oiseau
petit paon de jour
Ne replie pas les doigts.

I am in your hand a silence
bird feather
small day peacock
Do not fold your fingers.

Il y aura sûrement demain matin
un facteur aux yeux bleus qui m'apportera
une lettre d'amour
un envol de colombe sur les toits
une jeune fille sur son vélo pédalant en hirondelle
un éclat de lumière dans la rue comme un cri de joie
il y aura sûrement demain matin
une raison de vivre.

There will surely be tomorrow morning
a postman with blue eyes who will bring me
a love letter
a flight of doves on the roofs
a girl on her bike pedaling a swallow
a burst of light in the street like a cry of joy
There will surely be tomorrow morning
a reason to live.

Le jour est parfois moutonneux
matin froid
On s'enroule dans les draps
aussi blancs que la neige au jardin
On a la tête ennuagée ouateuse
encore pleine des rêves de la nuit
On se pelotonne contre le corps de l'autre
on s'emmêle
on retarde encore le moment de se lever
puis on se risque hors du lit
dans la maison chaude tel un cocon
Les pensées sont douces
duvet d'oiseau
plumes ensommeillées
Un peu plus tard on se risque dehors
emmitouflés
La neige craque sous nos pas
le jour est clair le froid vif
les pensées se déroulent avec douceur
on sent la force des sèves endormies
un oiseau fend le ciel en deux
de son sillage bleu.

The day is sometimes fleecy
Cold morning
We wrap ourselves in sheets
as white as snow in the garden
We have a head cloudy with wool
still full of night dreams
One curls against the body of the other
we tangle
we delay again the moment of rising
then we venture out of bed
in the warm house like a cocoon
Thoughts are soft
covers of down
sleepy feathers
A little later we venture outside
wrapped
Snow cracks under our feet
the day is clear the cold brisk
thoughts take place smoothly
we feel the strength of the sleeping sap
a bird splits the sky in two
with its blue wake.

L'empreinte d'un voilier sur les vagues
la marque d'un avion dans le ciel
ou d'une fugace fumée
une trace sur la terre
sillage-sillon
marque de soi sur la page.

The imprint of a sailboat on the waves
the mark of an airplane in the sky
or of fleeting smoke
a trace on the earth
wake-furrow
mark of the self on the page.

J'aurais voulu t'écrire un poème
sur la page blanche de ta peau
sur les veinules mauves de ta main
sur le temps qui passe et cette heure attardée
sur le vent du large et la mer étale
J'aurais voulu t'écrire un poème
en dépit de toute lassitude
en dépit des paroles vaines
en dépt du silence des autres
en dépit des rires entravés
J'aurais voulu t'écrire un poème
avec l'encre de mon sang
avec la dérive des gestes
avec des mots dans la marge
avec des pleins des déliés et des blancs.

I would have liked to write you a poem
on the white page of your skin
on the purple veins of your hand
on the passing time and this delayed hour
on the offshore wind and the slack sea
I would have liked to write you a poem
in spite of all weariness
in spite of the vain words
in spite of the silence of others
in spite of the shackled laughter
I would have liked to write you a poem
with the ink of my blood
with the drift of gestures
with the words in the margin
with thick strokes thin strokes and chalk.

Il arrive au matin que les étoiles
s'ébrouent sur la terre
avec leur duvet moite de cygnes endormis
une lueur calme comme on écrit
une plume sur la page avec des mots très doux
Mots d'amour lignes tracées
Gouttes de pluie frémissement de feuilles
Pas menus dans la neige
Trace de rêve
Cernes sous les yeux
bleuâtres
La mer sous le ciel fatigué
Algues douces comme en sommeil.

Sometimes in the morning the stars
sneeze on the earth
with their moist down of sleeping swans
a calm glow as one writes
a feather on the page with very sweet words
Words of love lines drawn
Raindrops shaking leaves
Small footsteps in the snow
Trace of a dream
Dark circles under eyes
bluish
The sea under the tired sky
Algae soft as sleep.

Nous marchons sur le sable
à pas mesurés
Le soleil palescent nous escorte
attentif et morose
Le ciel est là immobile
Nuages blêmes traces de lune.

We walk on the sand
with measured steps
The milky sun escorts us
attentive and sullen
The sky is there unmoving
Pallid clouds traces of moon.

Demain peut-être regarderai-je l'arbre dans la cour
seul au milieu des marelles
L'arbre de l'enfance où je me tenais lovée entre deux branches
comme un animal transi
L'arbre au seuil des écluses arrimé fragile
aux berges du canal
Peut-être regarderai-je l'arbre dans la rue
ignoré des passants
L'arbre au fond du jardin cerisier défeuillé où
l'oiseau ne retrouve plus ses repères
L'arbre surtout de ton corps
avec son torse lisse comme l'aubier
sa sève ses mousses ses replis
son tronc tendu vers le ciel
espérance tranquille.

Tomorrow maybe I'll look at the tree in the yard
alone in the middle of the hopscotch
The tree of my childhood where I was curled up between two
branches like an animal chilled to the bone
The tree at the threshold of fragile floodgates stowed
on the banks of the canal
Perhaps I will look at the tree in the street
ignored by passers-by
The tree at the bottom of the leafy cherry garden where the bird no
longer finds its bearings
The tree especially of your body
with its torso as smooth as the sapwood
its sap its mosses its recesses
his trunk stretched out to the sky
quiet hope.

Parvenir à être le funambule
sur un fil entre ciel et terre
comme on est dans la vie
entre certitudes et périls
Parvenir à être celui qui dit
dans un monde de paroles vaines
silencieux replié fragile
parmi ces rues où le vent veut respirer
Parvenir à ce qui est toi
se tait
Ouvrir les portes
S'engouffrer dans la chaleur s'appuyer l'un à l'autre
Parce qu'il n'y a rien d'autre qui vaille
Parvenir jusqu'à toi au plus profond.

To reach being the tightrope walker
on a wire between heaven and earth
just as one is in life
between certainties and perils
To reach being the one who speaks
in a world of vain words
silent folded fragile
among these streets where the wind wants to breathe
To reach being what you are
be silent
Open the doors
Rush into the heat rely on each other
Because there is nothing else that is worth
To reach you at your deepest.

Rivière

La barque s'est arrêtée contre la rive
corps baigné d'eau brune
Une souche la veille-sentinelle-
Un charme l'abrite de son feuillage tranquille
Les nuages sont tombés dans l'eau
C'est un jour inondé de soleil
Un matin d'été très doux.

Le pont franchit l'autre rive
Pas d'homme vers l'avenir
Force de vie
Chemin perdu entre les arbres
aux branches comme des bras
Espace clos serein.

Vague au milieu de la rivière telle un crête
qui glisse vers l'autre rive
une mer qui aurait oublié son écume sa colère
Arbres frémissants de toutes leurs feuilles
emplies de sève
Saules ou bien charmes avec leurs gestes
d'hommes apprivoisés
Rivière
la source n'est pas derrière toi
Elle vient du dessous
Elle affleure s'agrippe au moulin qui la roule
Au-dessus le ciel pâle ne se soucie de rien
Il se contente d'être résolument.

River

The boat stopped on the shore
body bathed in brown water
A strain the day before-sentinel-
An elm the shelter of its tranquil foliage
The clouds have fallen into the water
It is a day drowning in sunshine
A very mild summer morning.

The bridge crosses the other bank
Footsteps of man towards the future
Life force
Lost path between the trees
with branches like arms
Enclosed serene space.

Wave in the middle of the river like a crest
which glides towards the other bank
a sea that would have forgotten its foam its anger
Trembling trees with all of their leaves
filled with sap
Willow or elms with their gestures
of tame men
River
the source is not behind you
It comes from below
It is flush clutching the mill that turns it
Above the pale sky does not care about anything
It is content to be resolute.

L'odeur de la glaise remonte de l'eau
Entre deux arbres les genoux repliés d'un noyé
Sans doute un géant que la rivière n'a pu emporter
La rive où se perd le regard demeure imperturbable.

Sur la berge les mille bras du palétuvier
saule sans doute peu importe
L'arbre cherche l'eau de toutes ses racines
et tend ses bras vers la lumière
se surprend à exister.

Journée de juin
Barque immobile
Voyage arrêté
Sillage
Fleuve tranquille
moiré de nuages
Rive attentive
muette
Feuillage d'été
Fraîcheur
un peu.

The smell of clay rises from the water
Between two trees the folded knees of a drowned man
No doubt a giant that the river could not take away
The shore where the gaze is lost remains imperturbable.

On the bank the thousand arms of the mangrove
willow doubtless it does not matter
The tree looks for water with all its roots
and reaches for the light
it catches to exist.

Day of June
Still boat
Voyage stopped
Wake
Peaceful river
Rippled silk of clouds
Waiting bank
mute
Summer foliage
Bloom
a little.

Bibliographies :

Véronique Joyaux est née en 1953 à Nantes. Elle est enseignante à Poitiers, s'adonne à la poésie et à des compositions textiles (broderies calligraphiques). Elle aime travailler avec des plasticiens et peintres (nombreux textes d'expositions).

Véronique Joyaux was born in 1953 in Nantes. She is a teacher in Poitiers, devoted to poetry and textile compositions (calligraphic embroidery). She enjoys working with visual artists (her texts have been in many exhibitions).

Claude Perchenet, l'artiste de la couverture, est née en Seine et Marne. Audodidacte, elle a travaillé pour des décors de films, de théâtre et d'opéra, et des scénographies d'expositions des années 80 à 2001. Elle a commencé à réaliser des tableaux textiles en 1995 et s'y consacre entièrement depuis 2001.

Claude Perchenet, the cover artist, was born in Seine et Marne. An audodidacte, she worked for film, theater and opera sets and exhibition scenography from the 1980s to 2001. She started producing textile paintings in 1995 and has devoted herself to them entirely since 2001.

Rebecca Morrison, la traductrice, est née aux États-Unis et vit aujourd'hui en France. Elle a publié sept livres de poésie et a participé à de nombreuses anthologies aux États-Unis et à l'étranger. Ses livres les plus récents, 92 Berrichon Haiku et Under the Rain, peuvent être trouvés sur amazon.com. Visitez-la à illuminationsgalerie.wordpress.com.

Rebecca Morrison, the translator, was born in the United States, and now lives in France. She has published seven books of poetry and has been in numerous anthologies in the U.S. and abroad. Her most recent books, *92 Berrichon Haiku* and *Under the Rain,* can be found on amazon.com. Visit her at illuminationsgalerie.wordpress.com.

74388317R00131

Made in the USA
Columbia, SC
02 August 2017